AF315171

DE LA JUSTICE

EN ALGÉRIE

PAR

M. ABDALLAH

Ancien élève de Saint-Cyr, ancien Officier au 1er régiment de Spahis,

(Extrait du journal l'*Akhbar*, juillet 1880.)

ALGER

IMPRIMERIE DE L'ASSOCIATION OUVRIÈRE, P. FONTANA ET Cⁱᵉ

1880

DE LA JUSTICE

EN ALGÉRIE

PAR

M. ABDALLAH

Ancien élève de Saint-Cyr, ancien Officier au 1er régiment de Spahis.

(Extrait du journal l'*Akhbar*, juillet 1880.)

ALGER

IMPRIMERIE DE L'ASSOCIATION OUVRIÈRE, P. FONTANA ET Cte

1880

DE LA JUSTICE

EN ALGÉRIE

Je n'ignore pas que bon nombre de mes coreligionnaires se sont montrés scandalisés, de me voir poser une main sacrilége sur l'arche sainte, derrière laquelle se dissimulent les abus et les vices de notre pauvre société.

La plupart d'entre eux, et en particulier ceux qui crient le plus fort, se préoccupent surtout des profits qu'ils pêchent en eau trouble et dont ils craignent de voir disparaître la source ; mais à côté de ceux-là, il en est d'autres dont la bonne foi ne saurait être mise en doute et qui croient sincèrement à l'efficacité de remèdes moins énergiques que le pilori et la cautérisation.

Ainsi, tout récemment, l'un de ces derniers, bien connu dans ma province, pour son honorabilité et sa probité parfaites, ne doutant pas de me voir aborder le chapitre de la Justice musulmane, me suppliait de ne point fournir de nouvelles armes contre le corps déjà si décrié des cadis, tout en m'avouant que le plus grand nombre déshonoraient les mahakmas.

Je regrette vivement de ne pouvoir accéder à

son désir, mais il me semble que ce serait manquer à tous mes devoirs et trahir la confiance publique, que de consentir à jeter un voile sur l'une des plaies les plus profondes de ce pays.

Le Coran, dans *Souret El O'Koud* ou Meïda, (Chap. 5. La Table. Verset 48 et autres), en parlant de tous ceux qui ont une juridiction quelconque à exercer, dit en propres termes : « Ceux » qui ne jugeront pas conformément à la vérité » que Dieu a fait descendre d'en haut, sont in- » justes, idolâtres ou débauchés. » Combien en est-il parmi nos magistrats qui pourraient se flatter de trouver grâce devant le Prophète et de n'avoir jamais mérité qu'on leur appliquât les malédictions du livre saint.

Assurément, cette évocation n'a rien de flatteur pour les cadis ; mais, dans le nombre, les innocents me pardonneront une critique dont ils ne se sentiront pas atteints, et quant aux autres, je pourrais leur rappeler le proverbe populaire : « Tu te fâches, donc tu as tort. » Tant pis pour les injustes, les idolâtres et les débauchés !

Et pour emprunter un langage de circonstance, puisque nous sommes sur le terrain judiciaire, j'affirme que je dirai la vérité, toute la vérité, rien que la vérité.

Beaucoup de cadis, à l'instar de leurs congénères les caïds, s'appliquent à gruger le peuple et à lui sucer jusqu'à la dernière goutte de sang. Et si, dans l'exercice commun du pouvoir, une rivalité violente désunit souvent les fonctionnaires et les magistrats indigènes, une parfaite entente surgit entre eux, dès qu'il s'agit du malheureux contribuable : le cadi achève l'œuvre de dépouillement si bien commencée par le caïd.

La seule différence à relever, c'est que le der-

nier *mange* ouvertement, au grand jour, jetant
pour ainsi dire un audacieux défi à l'opinion publique, tandis que l'autre porte ses coups dans
l'ombre, coups d'autant plus terribles. que les
victimes s'y abandonnent sans défense, tenues en
laisse par l'ignorance, l'habitude de l'oppression
ou encore par la crainte superstitieuse que leur
inspirent des gens revêtus d'un caractère semi-
religieux

Examinons un peu les rouages intérieurs de
cette seconde machine pneumatique destinée à
opérer dans les poches du vulgaire.

Chaque *mahakma* ou tribunal se compose ordinairement, en dehors du cadi ou juge principal, d'un *bach-adel* ou suppléant, de deux *adouls*
ou assesseurs, et d'un *aoune*, appariteur.

Chargés d'assister le juge et d'éclairer, au besoin ses sentences, les adouls observent toujours
une réserve prudente et se renferment dans le
mutisme le plus complet durant les séances pu-
bliques. Les yeux baissés sur de nombreuses pa-
perasses le plus souvent inutiles, étalées devant
eux pour la forme, ils écoutent avec un sang-
froid superbe les paroles du cadi et ne sourcil-
lent jamais, les jugements rendus fussent-ils les
plus iniques du monde et en contradiction formelle avec les prescriptions de Sidi Khelil. Parfois, pourtant, un clignement d'yeux, un signe de
tête presque imperceptible leur échappe ; mais
c'est qu'il s'agit alors de rappeler aux chefs, dont
la mémoire se trouve momentanément en dé-
faut, la considération que mérite un client re-
commandé par le dépôt préalable d'une honnête
provision de douros.

Les plus habiles d'entre les cadis prévarica-
teurs essayent, autant que possible, de tenir
leurs subordonnés immédiats dans l'ignorance
de leurs malversations, mais comme il leur est

impossible de se passer d'intermédiaires, ils font choix de gens étrangers au prétoire et qu'ils affectent de fréquenter en public dans les relations quotidiennes de la vie.

Les justiciables indigènes, depuis longtemps façonnés à ces sortes de comédies, ont bientôt fait de reconnaître les amis du cadi et se gardent bien de s'adresser à d'autres pour lui faire parvenir leurs offrandes. Les apparences sont sauvegardées, et si l'autorité supérieure avait le mauvais goût de vouloir examiner de plus près les actes du juge, elle ne démêlerait que difficilement la vérité et ne trouverait tout au plus à relever que quelques indélicatesses à la charge de simples particuliers n'ayant aucun titre officiel, aucune fonction engageant leur responsabilité.

Les mariages, les divorces, les successions à partager, sont une mine d'or pour nos magistrats. Nous verrons plus tard ce qu'ils savent tirer de ces deux opérations. ƒ

En ce qui concerne la première, les scandales qui en découlent sont aussi nombreux que criants, et il est permis de poser, en principe, qu'un mariage ne rencontre jamais d'obstacles dès que les parties ou l'une des parties sont disposées à rétribuer généreusement le cadi. Le douro lève tous les scrupules, et il n'est pas rare de voir des jeunes filles de onze à douze ans, payer de leur vie la rapacité d'un magistrat sans pudeur, en même temps que les instincts barbares et lubriques de la brute qui convoite leur possession.

Le fait s'est présenté tout récemment encore dans les environs de ma tribu, et le retentissement qu'il a eu m'a laissé profondément surpris de ne pas voir l'autorité française intervenir pour frapper comme ils le méritaient, le marié, le cadi et les parents des conjoints.

Par contre, quand on n'a pas le sou, les choses vont moins rondement. Le législateur, en rendant obligatoire le ministère des cadis à l'exclusion de celui des djemâas, a pourtant dû prévoir le cas où deux pauvres diables dénués de toutes ressources voudraient unir leur misère. Il a bien dû penser que des khammès, de simples journaliers, ne possédant pour tout bien que les quelques mesures de blé ou d'orge destinées à les empêcher de mourir de faim et n'ayant pas un maravédis d'argent monnayé — c'est le plus grand nombre parmi les Arabes — n'avaient pas pour cela fait vœu de célibat perpétuel.

Très certainement on n'aura pas manqué d'assurer à ces malheureux la gratuité de la cérémonie légale. Mais il faut bien reconnaitre que ces dispositions, si elles existent, restent à l'état de lettre morte, et un cadi de bonne roche ne passe jamais.outre sans avoir encaissé les six francs cinquante centimes prévus par le tarif pour le commun des mortels.

Il me souvient encore, à ce sujet, d'une aventure tragi-comique dont j'ai été le témoin oculaire, il y a quelques années, et dont le récit rend bien exactement un côté original du caractère et des mœurs indigènes.

C'était dans une petite ville de la province de Constantine. Passant par hasard devant la mahakma du cadi, mon attention fut attirée par les grands éclats de rire dont, au mépris de la majesté du lieu, retentissait l'enceinte du prétoire. Plus curieux encore que scandalisé, je suivis le mouvement de la foule et j'entrai. Un homme, presque un vieillard, était debout près de la balustrade qui sépare le public du tribunal; ses haillons décelaient un profond état de misère. Près de lui se tenait une femme paraissant avoir à peu près le même âge et non moins déguenillée.

L'un et l'autre brûlaient d'unir leurs feux, mais étant plus riche d'amour que de finance, n'avaient pu rassembler la somme nécessaire à acquitter les frais réclamés. Partant, refus du cadi de procéder à la cérémonie et protestations bruyantes de Philémon et de Baucis.

La scène avait un côté si drôle, les supplications des vieux amants étaient si singulièrement exprimées que tous les assistants riaient à s'en tenir les côtes et que le tribunal lui-même gardait à grand'peine son sérieux.

Cependant, en dépit du proverbe, le rire ne désarma personne ; en matière de recette un cadi ne plaisante pas. Malgré tout ce qu'ils purent dire pour intéresser celui-là à leur misérable situation ; malgré l'éloquence burlesque qu'ils déployèrent pour arriver à leurs fins, force leur fut de se résigner à partir. Mais, tout à coup, l'homme revient sur ses pas, comme illuminé d'une lumière soudaine et s'adressant au tribunal : « Accordez-moi quelques instants, dit-il, je » vais fournir caution. »

Il sortit là-dessus et on ne tarda pas, en effet, à le voir revenir accompagné du propre père du cadi. Cette fois, les pourparlers ne furent pas longs et la célébration du mariage eut lieu sans plus d'empêchement.

Je pensais déjà en moi-même que le sauveur de mes amoureux était un digne musulman selon le cœur de notre Prophète et je m'apprêtais à aller le féliciter de sa généreuse intervention, lorsque je l'aperçus dans une rue voisine en grande contestation avec son protégé, leur connaissance n'était pas de longue date ; le matin même, le pauvre arabe, songeant qu'on ne mangerait peut-être pas tous les jours dans son futur ménage, avait voulu du moins inaugurer sa lune de miel par un repas sérieux, et, pour se le pro-

curer, il avait, en courbant l'échine et pliant sous
le faix, traîné jusqu'à la ville une charge de bois
mort. Le père du cadi s'étant trouvé sur son
passage la lui avait achetée et payée vingt-cinq
sous, et c'est cette misérable somme que le géné-
reux protecteur, au moment où je le rencontrai,
cherchait à se faire restituer comme prix du service rendu, sans se soucier autrement du premier dîner rêvé par les pauvres hères.

Je n'invente pas ici une histoire faite à plaisir;
le souvenir de cette scène est encore tout frais
dans la mémoire de plusieurs personnes dignes
de foi qui en ont suivi les péripéties depuis le
commencement jusqu'à la fin. Et d'ailleurs, tous
ceux qui joignent à la connaissance de notre langue un certain esprit d'observation ou que la nature de leurs fonctions a familiarisés avec les
mœurs indigènes pourraient en raconter bien
d'autres plus tristes encore.

Je persiste donc à penser qu'il est inhumain
et abusif, quand il s'agit de la consécration d'un
mariage entre indigents, d'exiger d'eux une rede-
vance, tant minime soit-elle ; la plus petite somme est toujours trop lourde pour ceux qui n'ont
rien à se mettre sous la dent, et quand cet impôt
est perçu au profit exclusif du magistrat, il devient
odieux.

Il serait, me semble-t-il, bien aisé et bien
simple de remédier à cette situation, et l'occasion m'en paraît toute trouvée dans le nouveau
régime qu'on va incessamment appliquer à la ré-
gularisation de l'état civil des indigènes.

A cet effet, il faudra dans chaque circonscription un taleb et un secrétaire-interprète pour re-
cevoir les déclarations des naissances et des dé-
cès. Eh bien ! pourquoi ne pas investir ce taleb
de tous les droits d'un officier de l'état-civil et
l'autoriser à consacrer les mariages en se faisant

assister de deux témoins pris à tour de rôle parmi les membres de la djemaâ, le tout gratuitement, ainsi que cela se fait pour les Français ?

Puisqu'on veut faire de l'assimilation, il ne faut rien négliger de ce qui peut y contribuer, et, en fait d'innovations, il est bon de viser surtout celles qui, loin de froisser les Indigènes, sont de nature à être accueillies par eux comme de véritables bienfaits.

Le divorce, bien plus encore que le mariage, prête à de graves abus de la part des gens de justice, et, s'il n'est pas aussi facile de se soustraire entièrement à leur juridiction, du moins serait-il à propos d'apporter de sérieuses modifications aux formes usitées jusqu'à ce jour.

Ainsi, la comparution personnelle et publique de la femme est une des choses qui choquent le plus les musulmans, ceux d'un certain rang particulièrement. Ils font donc tout leur possible pour l'éviter. Si de graves dissentiments surviennent dans leur ménage et prennent un caractère tel que le rétablissement de paix intérieure soit impossible, la famille de la femme est aussitôt prévenue ; le mari, en présence de quelques notables, expose ses griefs ; puis, quand toutes les tentatives de rapprochement ont échoué, on s'occupe d'établir un règlement amiable pour les restitutions de biens ou d'argent. C'est alors seulement qu'on se rend chez le cadi ; le divorce, ainsi préparé, est presque toujours prononcé rapidement, le paiement des frais ne faisant pas question pour les gens aisés. Mais, ainsi que je l'ai dit plus haut, cette dernière formalité coûte énormément à leurs sentiments intimes, et ils ne reculeraient devant aucun sacrifice pour s'y soustraire, alors même même qu'ils sont bien décidés à se séparer de leur femme.

Les pauvres, eux, sont beaucoup moins regardants sur ce chapitre, la jalousie étant un luxe au-dessus de leurs moyens ; mais ils ont d'autres sujets de plainte, malheureusement trop nombreux et trop réels quand ils en viennent à divorcer.

S'ils y trouvent tant d'inconvénients, dira-t-on, mieux vaut supporter son mal en patience et rester en ménage. Eh ! sans aucun doute, eux-mêmes le comprennent et ne pensent pas autrement ; mais, ce qu'il est bon de savoir, c'est que la plupart des demandes de divorce, dans la basse classe, sont introduites par la femme.

Le mari tient beaucoup plus à sa moitié ; non pas que l'amour entre pour quelque chose dans ce désir de conservation, loin de là, et c'est à l'intérêt seul qu'il convient de l'attribuer. On ne saurait s'imaginer, de prime abord, tout ce que supporte le prolétaire arabe pour éviter cette séparation redoutable. Que d'infidélités passées sous silence, que de pardons réitérés en dépit des insultes les plus graves.

Au demeurant, la chose est bien naturelle et facile à expliquer. Il suffit pour cela de se figurer combien d'années de labeur, combien de sueurs, combien de fatigues représentent pour uu pauvre khammès ou pour un simple berger les quelques centaines de francs nécessaires à entrer en ménage. Celui-là même que nous avons montré incapable d'acquitter la rétribution du cadi, a dû, pour trouver une femme, réaliser tout au moins la somme requise pour acheter une tente ou garnir son gourbi des ustensiles indispensables. On comprend donc qu'une fois arrivé à ses fins, rien ne lui coûte, même les plus rudes avanies, pour conserver celle qui doit confectionner sa galette et son couscous et lui donner un héritier de sa misère.

Malheureusement, la femme ne se place pas
au même point de vue. Bientôt lassée d'une exis-
tence misérable, rebutée d'aller chaque jour demander sa nourriture aux racines et aux herbes
des champs, humiliée de n'avoir pas même une
mauvaise cotonnade de rechange pour cacher sa
nudité, elle ne tarde pas à aller porter ses do-
léances chez le cadi. Cela est si vrai qu'on peut
remarquer une recrudescence de divorcer dans
les années mauvaises. Dès que le dernier grain
de blé ou d'orge a disparu, la discorde atteint
ses notes les plus aiguës, justifiant ainsi le vieux
proverbe français : « Quand il n'y a plus de foin
au ratelier, les chevaux se battent. »

Que fait alors le cadi ? Le plus simple serait,
n'est-il pas vrai, de prononcer purement et sim-
plement le divorce et de mettre ainsi fin à une
communauté de privations intolérables ; mais
cela ne ferait pas l'affaire de nos magistrats qui
aiment mieux envoyer la plaignante chez le *mamounn* et l'y maintenir jusqu'au jour où le mari
lui aura donné satisfaction par l'achat d'un fou-
lard de vingt sous ou de quelques mètres de ca-
licot.

Pour se tirer d'affaire, l'époux n'a qu'une res-
source, celle de s'adresser à son maître ou à
quelque parent plus aisé que lui et de leur demander de garantir l'achat qu'il va faire à crédit
jusqu'à la récolte, moyennant un intérêt dont le
prix d'acquisition se trouvera presque toujours
doublé. En admettant qu'il y parvienne, tout
n'est pas fini et ce n'est là qu'un des moindres
inconvénients de la situation. Il faut passer sous
les fourches caudines du *mamounn*, sorte d'au-
bergiste, désigné expressément par le cadi et
chez qui doivent se rendre les femmes dont les
griefs ont été reconnus admissibles. Or, les frais
de cette hospitalité sont décomptés à raison de

un franc ciuquante centimes par jour, à la charge des parents de la femme si le divorce s'en
suit, à celle du mari dans l'autre cas.

On aura quelque peine à admirer la logique
d'un tel procédé. Le bon sens dit que des gens
qui n'ont ni le moyen de se nourrir, ni celui de
se vêtir, ne peuvent, à plus forte raison, supporter
une pension élevée, je serai sobre de commen-
taires; mais il n'est impossible de ne pas faire
remarquer que la nomination exclusive du ma-
moun est laissée à la discrétion du cadi, qui
peut lui procurer ainsi un nombre illimité de
pensionnaires, d'où un large champ ouvert à la
médisance.

Sans doute, nos lois prescrivent bien que le
soin d'hospitaliser les plaignants revient de droit
au *muphti*; mais combien existe-t-il de muphtis
dans chaque département........?

La justice, de même que la femme de César,
ne devant pas être soupçonnée, ne vaudrait-il
pas mieux confier à une assemblée de notables
le droit de désigner les *mamouns*, si tant est
qu'il soit utile d'en conserver l'usage. On trouverait certainement bien des gens pour remplir
cet office à meilleur compte, et la respectabilité
des juges, comme la bourse des clients, s'en
trouverait mieux.

Le partage des successions constitue une autre source de profits illicites pour les gens de
robe, dont l'habileté est sans égale quand il s'a-
git d'enfler le chiffre des frais de procédure. La
majeure partie des Indigènes ignorent qu'il existe
un tarif uniforme est invariable pour les taxes
de justice. Il est vrai de dire que je n'ai jamais
vu de tarifs affichés dans aucune des nomb reu-
ses mahakmas que j'ai visitées. Est-ce là le fait
d'un oubli involontaire ou d'une intention pré-
conçue, je ne veux pas me prononcer, mais la

chose n'en subsiste pas moins. En vain m'objectera-t-on qu'il est loisible à tout intéressé d'en réclamer la communication en s'adressant au cádi ou à ses employés. Ce sont là des hardiesses permises en pays civilisé où chaque citoyen à conscience de ses droits et ne craint pas d'être molesté en les réclamant; un européen, quand ses intérêts sont en jeu, peut aller trouver les personnages les plus marquants pour leur demander des comptes ou des explications, sans que leur susceptibilité en soit atteint; mais il ferait beau voir que l'un de nous fît preuve de semblable témérité.

On n'a sans doute pas oublié ce que j'ai raconté au début de ce livre à propos d'un de ces caïds recevant l'impôt et feignant de prendre pour de la fausse monnaie les douros du pauvre contribuable, afin de les empocher pour leur propre compte. Qu'une réclamation surgisse, en pareil cas, et deux ou trois pièces *vraiment* fausses se trouveront là tout à point pour confondre le récalcitrant et l'envoyer à Cayenne. Eh! bien, que l'un de nous aille réclamer au cadi l'exhibition du tarif officiel, il verra ce qu'il lui en coûte la première fois qu'il aura à se présenter devant le tribunal, soit comme défendeur, soit comme demandeur.

C'est à l'Administration supérieure qu'il appartient de prendre la défense des petits, et en tenant la main d'une manière formelle à l'affichage public des tarifs de justice, ainsi que le prescrit le décret du 31 décembre 1859, elle rendrait un énorme service aux Indigènes.

D'autres abus se produisent encore à l'occasion des changements de résidence de nos magistrats. Ces mutations sont peu fréquentes, heureusement pour les pauvres gens dont elles aggraveraient encore les charges dans de lourdes proportions, et voici comment :

Le prix de l'expédition des jugements est payable sur l'heure ; mais les mahakmas étant en général fort encombrées, la délivrance des copies se fait toujours longuement attendre ; bien heureux sont ceux qui l'obtiennent au bout de six à huit mois. Dans l'intervalle, le cadi part ; son successeur, ne répondant pas du passé, ne donne jamais l'ordre de délivrer les pièces avant d'avoir perçu pour son propre compte une nouvelle taxe. Il est peu probable que cette exigence soit légale et couverte par l'Administration, mais elle existe de fait, aussi avantageuse pour le juge qu'onéreuse pour les intéressés.

La vénalité des cadis, leur amour du lucre, sont aujourd'hui des vérités suffisamment démontrées et dont la preuve n'est plus à faire. Se préoccupent-ils du moins de donner à leurs actes les formes prescrites par l'esprit de notre cheriaâ? C'est encore là un de leurs moindres soucis, et bien que l'opinion de Sedi-Kélil en matière de jurisprudence soit la seule à suivre en Algérie, la plupart de nos juges la traitent plus que légèrement et ne l'observent que lorsqu'ils y sont absolument forcés par l'importance et la notoriété des parties en cause.

Le tableau que je trace ici n'est certes pas flatté, mais en peintre fidèle, il ne m'appartient pas de lui donner d'autres couleurs que celles de la réalité. Ainsi que je l'ai déjà dit, il y a d'heureuses exceptions ; quelques perles se cachent peut-être dans le fumier, mais l'espèce en est rare et les vertus d'un trop petit nombre sont impuissantes à vivifier un corps gangrené.

Si maintenant nous descendons les degrés de la hiérarchie, c'est bien pis encore, et quand un cadi donne par sa conduite le mauvais exemple à ses subordonnés, tout le monde autour de lui se livre à une hideuse simonie. Le personnage le

plus important, si non par le grade, du moins
par la multiplicité des fonctions, c'est l'*aoune*,
autrement dit chaouch, portier, introducteur,
appariteur. Si les concierges de vos grandes vil-
les de France ont su se rendre justement impo-
pulaires, leur confrères des mahakmas est de
force à leur rendre cinquante points de cent.
L'immortel Pipelet, buriné dans l'histoire par
votre grand romancier, n'était pas dépourvu de
tout sentiment. L'aoune n'en a pas même l'ombre ; ce n'est pas une pierre qu'il a à la place
du cœur, c'est une poche toujours affamée.

Cerbère odieux, brutal pour les pauvres, obsé-
quieux et rampant envers les riches et les gens
haut placés, on ne lui connaît que deux poses :
le bras levé sur les petits, l'échine courbée et la
main tendue devant les grands.

L'infinité de sa situation ne fait qu'aiguillon-
ner son orgueil en face de la plèbe sur laquelle
il se venge. Il faut le voir, les jours de marché,
quand les abords du prétoire sont encombrés de
plaignants, déployer, selon le cas, la force de son
biceps ou l'irrésistibilité de son sourire. Aux
malheureux et à ceux à qui sa cupide éloquence
n'a pu soutirer la moindre pièce blanche, il dis-
tribue forces bousculades accompagnées de coups
de pied et de coups de poing. Ceux-là atten-
dront souvent plusieurs jours, voire même des
semaines entières, avant d'être admis à contem-
pler le Salomon du lieu. Quant aux autres, dont
les cordons de bourse se sont déliés à première
réquisition, la porte leur est presque aussitôt
ouverte, ou tout au moins, s'il y a trop grande
affluence, trouvent-ils un siége pour se reposer
et un agréable causeur pour les aider à passer
leur temps.

L'aoune, et ce n'est pas là le côté le moins
curieux de cette étrange justice, remplit parfois

le rôle d'avocat officieux pour les plaideurs ab-
sents. La chronique maligne assure qu'il réus-
sit souvent là ou nos hommes de loi les plus
habiles perdraient leur science et leur cause.

Les *adouls*, demi-magistrats, aspirant au titre
de juge, sont tenus à plus de réserve. L'habitude de la dissimulation leur donne un tel ca-
chet qu'on peut les connaître à première vue et
distinguer leur qualité au milieu de la foule des
passants. Il est de règle, dans ce monde-là, de
même que dans celui des disciples de Loyola,
des Basiles et des Tartuffes, d'afficher des dehors sérieux, d'avoir l'air doux et bénin, de ne
parler que peu ou point et toujours sur le ton le
plus modeste. Mais que d'ambitions insatiables,
que de passions violentes couvent sous ces apparences de calme résignation. Que de loups et
de renards dans la peau de ces agneaux innocents !

Loin des regards du monde, la scène change,
et plus d'un joyeux compère se révèle, lâchant
la bride à son tempérament. Bien que certaines
distractions soient interdites à leur caractère,
j'en ai vu plus d'un s'y livrer sans scrupules et à
l'abri de quatre bons murs prendre le plus vif
plaisir aux danses des almées, qu'ils couvraient
d'or et de bijoux.

Il n'y a pas encore longtemps que, dans une
soirée intime, où nous sablions le champagne, en
compagnie de quelques amis qui nous faisaient les
honneurs du pays, je vis arriver en catimini un
cadi et un bach-adel. Connaissant de longue
date les mœurs de ces bons apôtres, je n'en fus
pas autrement scandalisé ; mais j'aurais donné
beaucoup pour que leurs justiciables aient pu se
repaître un instant de l'édifiant spectacle de ces
jésuites en burnous, transformés soudain en disciples d'Epicure. La chose en valait la peine. On

pourrait écrire des volumes sur les vices des agents de la justice musulmane en Algérie ; mais le cadre de ce travail ne comportant pas de plus longs développements, je me bornerai à relater ici une petite anecdote très répandue parmi les Indigènes de nos contrées et que les conteurs ne font pas faute de répéter à chaque veillée. On verra par ce récit que, de tout temps, l'honnêteté de nos magistrats s'est montrée fort sujette à caution.

L'histoire d'*Aïcha-el-Kadra* est surtout connue dans l'Est de la province de Constantine. Aux yeux de nos populations, Aïcha est le type de la fine mouche, du Scapin en jupons. On ne connaît ni le lieu de sa naissance, ni l'époque exacte où elle florissait ; mais personne ne doute de l'authenticité de ses prouesses.

Elle mystifia une fois, dit-on, l'un des cadis le plus cupide de son temps, et si le fait est vrai, il faut avouer que la façon ingénieuse dont elle s'y prit pour arriver à ses fins justifie amplement la réputation de l'héroïne. Pour en faire comprendre le sel quelque peu gaulois tout en restant dans les limites de la bienséance, il est bon de rappeler que les cadis de campagnes, de même que les Arabes des tribus, ne portent comme vêtement, en dehors du burnous, que deux longues chemises de coton et ne connaissent que de nom l'usage de la culotte et du haut-de-chausse. D'autre part, le mobilier des mahakmas de l'intérieur, plus simple encore autrefois que de nos jours, se compose ordinairement pour tout bien de quelques nattes sur lesquelles s'accroupit le magistrat entouré de ses assesseurs.

Or, un beau jour qu'Aïcha-el-Kadra, assignée par l'un de ses parents en restitution d'une part d'héritage représentant une somme considérable, comparaissait devant le juge, voici ce qu'il advint :

Le cadi avait, à diverses reprises, entendu les deux parties. La dernière audience avait lieu, et malgré toute son éloquence, il était visible qu'Aïcha allait être condamnée, lorsque tout-à-coup elle s'avise d'invoquer la comparution d'un témoin imaginaire dont elle donne l'adresse, en suppliant qu'on aille le quérir. L'aoune est aussitôt expédié à la recherche de l'individu et le tribunal se donne quelques instants de repos sans néanmoins quitter la salle.

Pendant ce temps, Aïcha prenait les **quatre** coins de sa *melhefa*, ou vêtement de dessus, les relève de façon à en former une sorte de petit sac qu'elle se met à agiter doucement de haut en bas en regardant fixement le cadi dans le blanc des yeux.

(Celui-ci, ayant observé plusieurs fois le manége, et voyant le témoin tarder à arriver, n'hésita plus à prononcer le jugement, et contre toute attente, à donner gain de cause à Aïcha-el-Kadra. (

L'audience terminée et la mahakma vide de tout indiscret, le juge fait appeler la plaideuse :
— « Eh ! bien, lui dit-il, et ce sac d'argent que
» tu m'as promis ? — Un sac d'argent......
» De quel sac veut donc parler, mon seigneur ?
» — Mais de celui que tu agitais au moment où
» j'allais te condamner Il semblait implorer
» ma clémence, et je n'ai pu m'y tromper. —
» O mon Dieu ! comment avez-vous pu, mon
» seigneur, croire une pareille chose de votre
» servante. Est-il possible que vous ayiez pu in-
» terpréter de la sorte l'avis que je vous don-
» nais de baisser vos chemises qui s'étaient re-
» levées plus que ne le comportent lesconvenan-
» ces...... Votre nudité pouvait effaroucher

» l'assistance, et voilà pourquoi je vous invitais
» charitablement à réparer le désordre de votre
» toilette. »

l Le cadi, qui n'était pas une bête, comprit qu'il
avait été joué et fut le premier à en rire tout en
priant Aïcha de ne pas ébruiter une victoire aussi
compromettante pour lui qu'avantageuse pour
elle. *t*

L'exemple peu encourageant du cadi d'Aïcha
n'empêche pas toujours ses successeurs de tomber dans le même panneau, et je puis citer ici
une mystification analogue dont les acteurs me
sont parfaitement connus :

Il y a deux ou trois ans, un propriétaire de la
petite ville de.. ... était en contestation avec
son locataire pour une somme d'environ six
cents francs. Le différend, bien que fort simple
en apparence, menaçait de s'éterniser ; les frais
s'ajoutaient aux frais, plusieurs comparutions
avaient eu lieu sans résultat et les parties, las-
sées de tant de lenteur, ne savaient à quel saint
se vouer pour en sortir, quand le propriétaire,
se souvenant à propos d'Aïcha-el-Kadra, s'avisa
de l'imiter.

Il entra donc un jour, accompagné de son ad-
versaire, chez le cadi, et tenant le bras droit ca-
ché sous les plis de son burnous. Quand vint son
tour de parole, relevant naturellement ses vête-
ments par un geste familier aux Indigènes, il
éleva la main droite comme pour accentuer ses
griefs et appuyer l'effet de son discours. La
paume de la main tournée vers le magistrat lais-
sait apercevoir plusieurs billets de banque pliés
en quatre.

Le juge rapace s'y laissa prendre et lui donna
immédiatement raison. Malheureusement pour
lui, les bank-notes ne lui étaient nullement des-

tinées, et il dut se contenter de les avoir entrevues un instant.

Cette perle de la magistrature ne rend plus aujourd'hui la justice et vit tranquillement du fruit de ses rapines à peu de distance du siége de sa circonscription, édifiant les populations par le spectacle de sa piété et de ses vertus.

Une réflexion viendra sans doute à l'esprit de mes lecteurs et bon nombre d'entr'eux se demanderont pourquoi les Arabes, qui ont tant à se plaindre des exactions et de la partialité de leurs cadis, ne s'adressent pas de préférence à la justice française ainsi qu'ils ont la liberté de le faire.

Il y a pour cela plusieurs raisons ; la routine d'abord, la complication des formalités et, enfin, l'ignorance de la langue. Le papier timbré et le grimoire des huissiers effraient nos fellahs ; n'ayant personne sous la main pour leur en traduire la teneur, ils sont obligés, pour la chose la plus insignifiante, de se rendre en ville et de laisser à l'abandon leurs travaux les plus pressants ; il n'en faut pas davantage pour les détourner de vos tribunaux. Aussi ceux-là même qui ont des procès avec les Européens, tout en reconnaissant la parfaite honorabilité de vos magistrats, ne peuvent-ils s'empêcher de se plaindre des lenteurs et des difficultés de votre procédure. Et puis, il faut bien le dire, les Français eux-mêmes sont les premiers à le constater, — votre justice, pour être exempte de prévarications et de simonie, n'en est pas moins très-coûteuse. Les perceptions sont légales, je le veux bien, mais elles sont aussi fort lourdes.

Me voici entraîné par la force des choses à aborder un sujet exigeant une grande circonspection, mais qu'il ne me semble cependant pas possible de passer sous silence. Ce chapitre ne

serait pas complet, traitant de la justice en Algérie, si nous n'envisagions pas le rôle que remplit la magistrature française et l'influence de
son action sur les populations indigènes. Certes,
aucune comparaison n'est à établir entre les deux
institutions ; d'un côté la ruse, la fourberie, la
cupidité ; de l'autre un sentiment profond du
devoir professionnel, le culte de l'honneur et
de la droiture. Néanmoins, j'oserai hasarder
quelques critiques n'ayant rien d'incompatible
avec le respect que méritent vos juges, mais
que je crois nécessaire d'émettre dans l'intérêt
public.

La plupart des juges de paix possèdent des
notions de droit fort étendues ; tous, cela ne
fait aucun doute, sont animés des meilleures intentions, mais ces qualités sont loin d'être suf-
fisantes pour leur permettre de remplir conve-
nablement leur mission. Généralement on les
choisit fort jeunes, venant de France au sortir
de l'école ; en dehors du sang-froid et de l'expérience qui leur manquent et que l'âge seul peut
leur donner, ils sont tout-à-fait étrangers aux
mœurs et aux habitudes arabes, ce qui leur enlè-
ve tout d'abord l'un des meilleurs éléments
d'appréciation. Suivant les impulsions de leur
tempérament ou subissant sans s'en apercevoir
l'influence de leurs fréquentations, on les trouve
trop enclins à agir de parti pris dans un sens
déterminé et, pour employer une expression
consacrée, à se montrer systématiquement ara-
bophiles ou entièrement arabophobes. Les uns
ne voient dans les colons que des exploiteurs,
des oppresseurs éhontés, et sont toujours dis-
posés à leur trouver des torts chaque fois qu'ils
ont un différend avec un Arabe ; les autres, au
contraire, croient faire œuvre pie en traitant
l'Indigène de turc à more, lui permettant à peine

d'ouvrir la bouche et l'envoyant en prison pour
la moindre peccadille.

Me sera-t-il permis de dire que ces tendances
sont profondément regrettables ?

Un pareil reproche ne peut être fait aux juges des tribunaux de première instance et d'ap-
pel, n'arrivant généralement à cette situation
qu'après un long stage et après avoir complété
dans le pays même leur éducation profession-
nelles. Ceux-là ont à la fois l'expérience des
hommes et des choses et offrent toute sécurité à
la société ; il est fâcheux qu'on n'ait pu trouver le moyen d'étendre à toutes les juridictions
les mêmes garanties de savoir et d'impartialité.

Un autre écueil bien grand pour nos juges de
paix, c'est l'ignorance de la langue arabe, ignorance qui les livre entièrement aux mains des in-
terprètes, greffiers, agents d'affaires, chaouchs
et autres familiers du prétoire, et Dieu sait de
quel bois se chauffe tout ce monde de la baso-
che ! Les plus intelligents et les plus droits,
parmi nos jeunes magistrats, ont souvent la
prescience de l'abus qu'on peut faire de leur in-
suffisance ; mais comment supprimer l'obstacle,
comment démêler la vérité au milieu de toutes
ces intrigues, comment démasquer tous ces com-
pères qui s'entendent entr'eux comme larrons
en foire....

A ce point de vue spécial, l'institution récente
d'une École de droit à Alger semble appelée à
rendre les plus grands services ; les jeunes gens
du pays arriveront ainsi peu à peu à former le
noyau principal de la magistrature de la Colo-
nie ; initiés à la langue et aux mœurs de la po-
pulation, ils se trouveront armés de toutes pièces
dès leur entrée en fonctions et seront propres à
donner tout ce qu'on est en droit d'attendre de
véritables juges. Enfin, et ce n'est pas là une

mince considération, ils seront certainement
moins exposés à tomber dans les exagé-
rations qu'on reproche aujourd'hui, non sans
raison, aux titulaires débarquant de la Métro-
pole, et l'opinion publique n'aura sans doute
plus à regimber contre cet étrange spectacle de
magistrats français imbus de préjugés injurieux
contre ceux de leurs compatriotes qui n'ont
d'autre tort que celui d'avoir passé la mer avant
eux Les Arabes ne seront plus, au gré du ca-
price, tantôt comme des héros chevaleresques,
dignes de toute sympathie et de toute commisé-
ration, tantôt, comme de vils troupeaux, ne mé-
ritant aucune sollicitude, mais comme des justiciables ordinaires, comme des hommes ayant
leurs vertus et leurs vices, leurs qualités et leurs
faiblesses.

On ne saurait trop souhaiter la prompte réali-
sation de ce programme, car l'état actuel ne
peut se prolonger longtemps sans danger pour la
chose publique.

Je citerai deux exemples principaux des abus
auxquels donne lieu cette incohérence de prin-
cipes dans l'exercice de la justice française en
Algérie et qui sont bients faits pour démontrer la
nécessité d'une réforme.

Depuis l'établissement des communes mixtes
et du code de l'indigénat, on a vu presque partout
se dessiner ces deux tendances contraires esquis-
ses plus haut. Le magistrat, quittant les hau-
teurs sereines d'où il ne devrait jamais descendre, se laisse aller à faire de la petite politique.
S'il est bien avec le fonctionnaire de l'ordre ad-
ministratif, il acceptera comme parole d'évan-
gile tout ce qui émanera des agents de l'autorité
Le procès-verbal du moindre garde indigène devient chose sacrée à ses yeux, et sans aller plus
loin, sans se donner le temps d'examiner les

faits, de peser les circonstances, il appliquera sans sourciller le maximum de la peine qui se rapporte à chaque article de l'indigénat. Lorsqu'au contraire, pour une cause quelconque, il se trouve en froid avec l'administrateur ou son adjoint, il semble qu'il prenne un malin plaisir à innocenter tous les délits qui lui sont soumis, sans se soucier le moins du monde des conséquences déplorables que peut avoir une semblable attitude et du discrédit qu'il jette sur l'autorité tout entière.

Un homme ayant quelques notions vraies du caractère de l'Arabe, se gardera bien de tomber jamais dans de pareils travers, car il sait que l'Indigène a besoin d'être constamment maintenu dans le respect de tout ce qui touche au Gouvernement. Mais nous l'avons dit, et c'est là le grand malheur, la plupart de nos juges de paix arrivent ici avec autant d'ignorance du milieu dans lequel ils sont appelés à vivre que de préjugés fâcheux et d'idées préconçues dans le sens le plus erroné.

Et pourtant ce serait si simple de prémunir les débutants contre les écueils qui les attendent ! Il suffirait pour cela d'inscrire au bas de leur lettre de nomination cet aphorisme si vrai dont ils pourraient faire leur règle de conduite invariable : « Souvenez-vous que si l'Arabe maudit son » oppresseur, il méprise souverainement l'hom- » me faible qui le caresse au lieu de redresser » ses écarts d'une main ferme. »

L'amour profond que je porte à mon pays d'adoption autant que les liens par lesquels je me sens attaché à mes coreligionnaires ne me permettaient pas de dissimuler ces vices de l'organisation judiciaire algérienne. J'aime à croire qu'on ne prendra pas ma franchise en mauvaise part, et je m'estimerai heureux d'avoir contribué, pour si peu que ce soit, à attirer l'attention de nos gouvernants sur cette question si délicate.

En ce qui touche la justice française, je suis parfaitement rassuré. Les généreuses aspirations de la magistrature doivent l'amener à corriger elle-même les imperfections qu'on lui signale.

L'action modérée des corps élus, celle de la presse, sont un supplément de garanties qui nous porte à envisager tranquillement l'avenir.

Mais après tout ce que j'ai dit de la lèpre qui ronge la justice musulmane, on est en droit de se demander quand et comment prendra fin un état de choses aussi déplorable. La question ne laisse pas d'être embarrassante et délicate. Il ne faut pas oublier, en effet, que nous sommes ici en face d'un problème des plus compliqués et qu'il est plus facile de diagnostiquer que de guérir.

Différents décrets, et notamment ceux de 1854, 1859-60, 1866 et 1874, ont eu pour but de remédier aux abus signalés, et quiconque aura la patience ou le loisir de se livrer à la lecture attentive des rapports officiels précédant et motivant ces ordonnances, y trouvera la preuve surabondante que mes critiques n'ont rien d'exagéré.

Si, par aventure, les cadis se trouvaient calomniés, nous les renverrions au maréchal Vaillant, à M. de Chasseloup-Laubat et au général Chanzy, lesquels n'ont jamais, que je sache, passé aux yeux du monde pour les adversaires des classes dirigeantes indigènes. M. de Chasseloup-Laubat, en particulier, écrivait ce qui suit à l'Empereur, en sollicitant la promulgation du décret du 31 décembre 1859 :

. . . .

. . . .

« Des arrêtés ont dû en flétrir quelques-uns,

» et si dans quelques occasions on n'a pas sévi
» autrement que par la destitution, c'est que,
» sans profit pour les justiciables, on aurait dé-
» considéré une institution à laquelle les Ara-
» bes étaient encore forcés d'avoir recours»...
. . . .

Le but du législateur a donc été constamment
d'atteindre une organisation préventive des abus
dont nous souffrons ; il serait injuste de mécon-
naître, à ce sujet, les intentions excellentes du
Gouvernement envers nos populations indigènes,
et le fait seul de leur avoir ouvert la porte des
prétoires français, de leur laisser le choix de la
juridiction à laquelle ils entendent soumettre
leurs litiges, en est la meilleure preuve.

Si tout le monde usait de cette latitude, la
question serait bien vite résolue et les cadis
n'ayant plus de .... plaideurs à avaler, dispa-
raîtraient d'eux-mêmes sans qu'il soit besoin de
s'en inquiéter davantage. Mais on ne détruit pas
en un jour des traditions aussi enracinées que
celles de nos fellahs, et il ne faut pas s'attendre
raisonnablement à ce que des gens aussi bornés,
aussi ignorants, ouvrent spontanément les yeux à
la lumière. Et c'est précisément parce que le Gouvernement est convaincu de cette vérité qu'il s'ef-
force, ne pouvant supprimer l'institution, de pal-
lier, autant que faire se peut, les maux qu'elle
entraîne après elle.

C'est dans cet esprit, par exemple, qu'ont été
créées les medersas supérieures d'Alger, de Constantine et de Tlemcen, chargées de préparer une
pépinière de magistrats plus instruits, moins exposés, par conséquent, aux dangers de la cor-
ruption et de la vénalité. A-t-on réussi ? Hélas !
non, il faut bien l'avouer, car la création des
medersas remonte à près de vingt ans, et le triste

tableau que nous traçons porte sur des faits d'une désolante actualité.

/ Tôt ou tard il faudra donc en arriver, je le crois fermement, à la suppression radicale de l'institution des cadis. Au surplus, leur sort est entre leurs mains, et il ne tient qu'à eux de faire mentir mon pronostic. S'ils s'amendent au point de devenir des juges honnêtes et équitables, j'admettrai fort bien que l'on tienne compte des mœurs et des habitudes traditionnelles des Arabes, et qu'on leur laisse la satisfaction de comparaître devant un magistrat musulman. Mais, ainsi que je viens de le dire, je ne compte pas sur un pareil miracle. Les Jésuites savent prendre mille formes, mille déguisements, mais au fond ils restent toujours Jésuites. Il en sera de même de nos cadis, et il arrivera donc fatalement l'une de ces deux choses : ou bien le gouvernement, lassé de leur hypocrisie et de leurs exactions, se décidera, dès qu'il en verra la possibilité, à les faire rentrer dans le néant ; ou bien les indigènes, devenant chaque jour moins superstitieux, plus éclairés, plus familiarisés avec les formes de la justice française — surtout si cette dernière réalise les progrès et les réformes dont elle a besoin — les Indigènes, dis-je, prendront d'eux-mêmes l'habitude de s'éloigner des Tartuffes rapaces entre les mains desquels ils ont, de tout temps, laissé la meilleure part de leur toison.

Nul, plus que moi, ne se réjouira d'un résultat prope à hâter une assimilation que j'appelle de tous mes vœux.

ABDALLAH.

Ce 1ᵉʳ juin 1880.

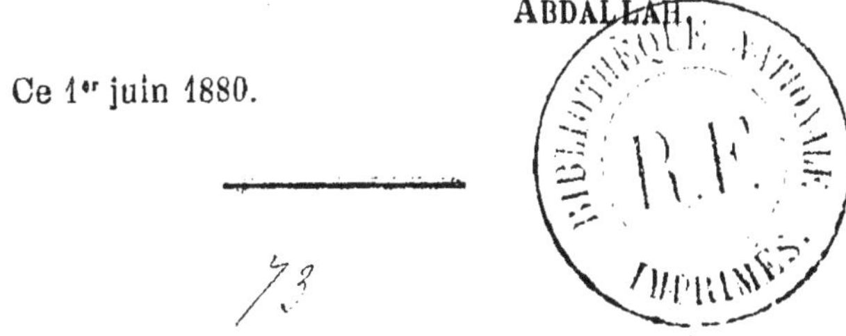

www.ingramcontent.com/pod-product-compliance
Ingram Content Group UK Ltd.
Pitfield, Milton Keynes, MK11 3LW, UK
UKHW021629130726
13696UKWH00005B/2092